JN133488

7つの習慣

スペシャルエディション
“賢者のハイライト”
ゆうこす Ver.

Stephen R. Covey

キングベアー出版

皆さんこんにちはっ♡

モテる為に生きてる！ゆうこすです◇◇

私は、インフルエンサー・Youtuberになってから
常にファンとのWin-Win。仕事を頂く企業
さんとのWin-Win。それをずっとずっと考えて
きました。なので、もっと学びたい！と思い
この章を選ばせて頂きました\(^o^)/

相手の気持ちを考え、
自分の気持ちをスマートに
伝える。
どちらもWinな
考え方って、めちゃくちゃモテ
だよね…♡

ゆうこす

Twitter
@yukos_kawaii
Instagram
@yukos0520

KOS
続いては…
モテクリエイター
ゆうこす
ですっっ!!
SNSのフォロー
よろしくおねがい
しまーす♡

THE SEVEN HABITS
OF HIGHLY
EFFECTIVE PEOPLE

第４の習慣

Win-Winを考える

THINK WIN/WIN

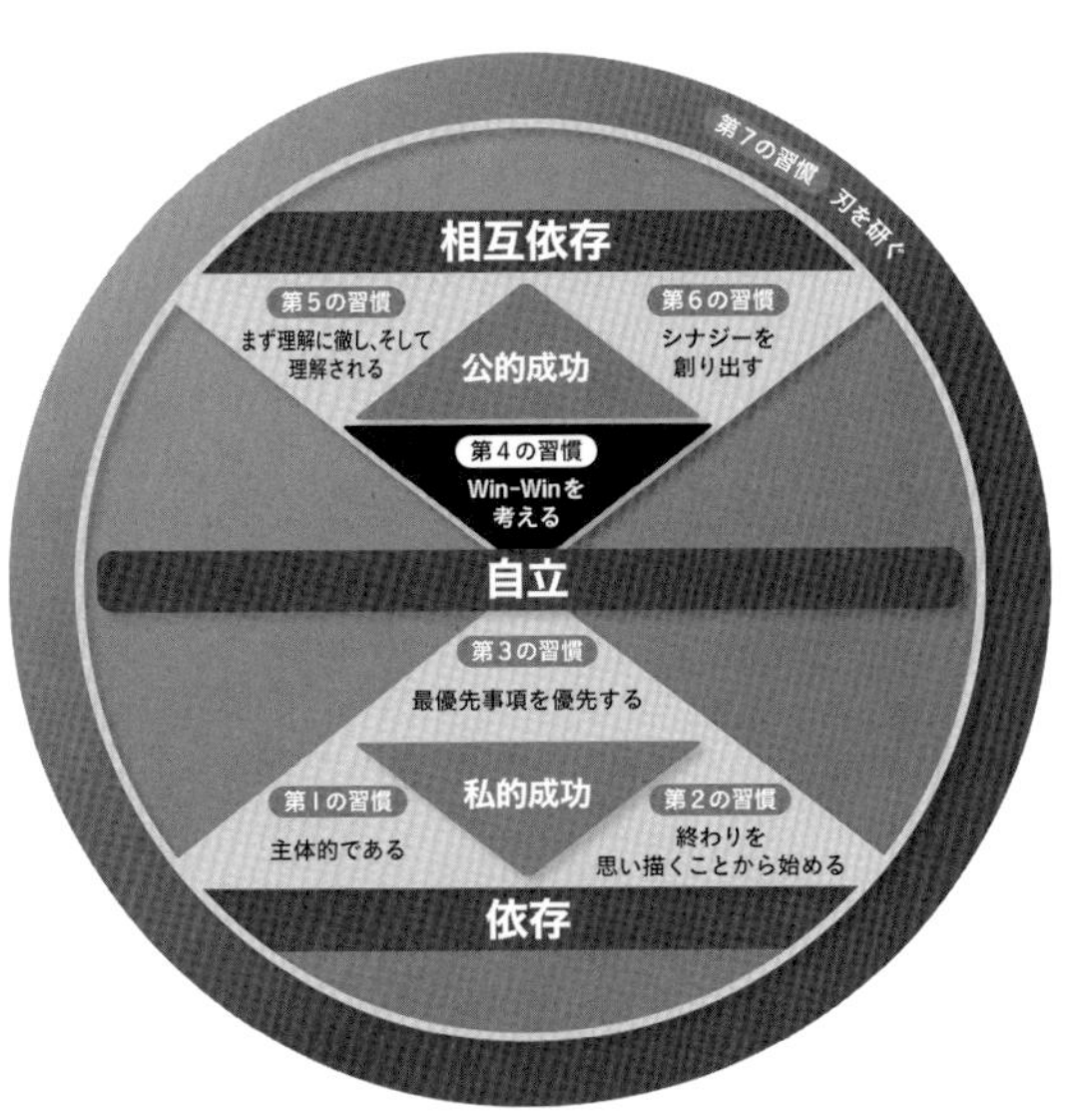

第4の習慣　Win-Winを考える

人間関係におけるリーダーシップの原則

黄金律は暗記した。さあ、実行しよう。
――エドウィン・マーカム

以前、ある会社の社長から、社員同士が協力せず困っているので相談に乗ってほしいと頼まれたことがある。

「先生、一番の問題はですね、社員が自分のことしか考えていないことなんですよ。協力ということをしない。社員同士で力を合わせれば、もっと生産性が上がるのですがね。対人関係の研修プログラムを取り入れてこの問題を解決したいのですが、先生、力になっていただけるでしょうか」

「御社の問題は社員にあるのでしょうか、それともパラダイム、ものの見方にあるのでしょうか？」と私は聞いた。

「ご自分で確かめてみてください」

そこで、確かめてみた。なるほど社員は本当に身勝手で、力を合わせようなどという気はなさそうだ。上司には反抗的だし、わが身大事で、防衛的なコミュニケーションをとっている。信頼口座は見るからに赤字で、不信感に満ちた職場であることは間違いない。しかし私は重ねて聞いてみた。

「もっとよく調べてみましょう。なぜ社員の皆さんは協力しないのです？　協力しないと、社員にとって何か良いことがあるのでしょうか？」

「何もいいことはないですよ。協力したほうが良いにきまってるではないですか」

「本当にそうですか？」

私は念を押すように尋ねた。それというのも、社長室の壁にかかっているカーテンの向こう側に貼ってあるグラフが気になったからだ。グラフの線が競馬場の走路に見立てられ、競走馬の写真がいくつも貼りつけられている。それぞれの馬の頭の部分は、なんとマネージャーの顔写真になっているではないか。きわめつけは、グラフ右端のゴールのところに貼ってあるバミューダの美しい観光ポスターだ。青い空にふんわりと浮かぶ雲、真っ白な砂浜、手をつないで歩く恋人同士……

週に一度、社長は部下たちをこの部屋に集め、協力して仕事しろと訓示するらしい。「皆で力を合わせようじゃないか。そうすればもっと売上が伸びるぞ」と言い、おもむろにカーテンを引き、このグラフを見せるわけである。「さて、バミューダ行きの切符を手にするのは誰かな？」

これでは、一つの花に大きく育ってくれよと言いながら、別の花に水をやっているようなものである。あるいは「士気が上がるまで解雇を続ける」と脅しているのと同じだ。社員同士が協力し、アイデアを出し合い、全員の努力で売上を伸ばしていくことを望んでいながら、実際には社員同士が競うように仕向けていたのである。一人のマネージャーが成功すれば、他のマネージャーたちは失敗する仕組みになっていたのだ。

職場や家庭、他の人間関係に見られる実に多くの問題と同じように、この会社の場合も、問題の原因はパラダイムの違いにある。社長は競争のパラダイムから協力という成果を得ようとしていた。そしてそれがうまくいかないとみるや、新しいテクニックや研修プログラム、応急処置で協力させようと考えたわけである。

しかし、根を変えずに、その木になる果実を変えることはできない。表に出る態度や行動だけに働きかけるのは、枝葉にハサミを入れる程度の効果しかない。そこで私は、協力することの価値が社員に伝わるようにし、社員同士の協力が報われる報酬制度を整えることによって組織を根本から変革し、

わくわく

ゆうこすは
ぶりっ子だから
Win-Win
考えるの好き！

個人と組織の優れた力を最大限に引き出すよう提案した。

たとえあなたの社会的立場が社長やマネージャーではなくとも、自立から相互依存の領域に足を踏み入れた瞬間に、リーダーシップの役割を引き受けたことになる。あなた自身が他者に影響を与える立場になるからである。そして、効果的な人間関係におけるリーダーシップの習慣は、「Win-Winを考える」である。

人間関係の六つのパラダイム

Win-Winとは、決してテクニックではない。人間関係の総合的な哲学である。人間関係の六つのパラダイムの一つである。そしてWin-Winの他に、「Win-Lose」「Lose-Win」「Lose-Lose」「Win」「Win-Win or No Deal」のパラダイムがある。

- Win-Win　自分も勝ち、相手も勝つ
- Win-Lose　自分が勝ち、相手は負ける
- Lose-Win　自分が負けて、相手が勝つ

- Lose-Lose　自分も負けて、相手も負ける
- Win　自分が勝つ
- Win-Win or No Deal　自分も勝ち相手も勝つ、それが無理なら取引しないことに合意する

Win-Win

Win-Winは、すべての人間関係において、必ずお互いの利益になる結果を見つけようとする考え方と姿勢である。何かを決めるときも、問題を解決するときも、お互いの利益になり、お互いに満足できる結果を目指すことである。Win-Winの姿勢で到達したソリューション、当事者全員が納得し満足し、合意した行動計画には必ず実行する決心をするものである。Win-Winのパラダイムは、人生を競争の場ではなく協力の場ととらえる。私たちはえてして、強いか弱いか、厳しいか甘いか、勝つか負けるか、物事を「二者択一」で考えがちだ。しかし、このような考え方には根本的な欠陥がある。原則に基づいておらず、自分の権力や地位にものを言わせる態度だからだ。Win-Winの根本には、全員が満足できる方法は十分にあるという考え方がある。誰かが勝者になったからといって、そのために他者

が犠牲になって敗者になる必要などない、全員が勝者になれると考えるのである。

Win-Winは、第3の案の存在を信じることである。あなたのやり方でもなければ、私のやり方でもない、もっとよい方法、もっとレベルの高い方法だ。

Win-Lose

Win-Winの別の選択肢としてWin-Loseがある。例の「バミューダ行きレース」のパラダイムだ。私が勝てば、あなたが負ける。リーダーシップのスタイルで言えば、Win-Loseは「私のやり方を通す。君の意見は聞くまでもない」という権威主義的なアプローチになる。Win-Loseの考え方の人は、自分の地位、権力、学歴、所有物、あるいは個性の力を借りて、自分のやり方を押し通そうとする。

ほとんどの人は生まれたときからずっと、勝ち負けの脚本で育っているから、Win-Loseのメンタリティが深く染みついている。親が子どもたちを比較していたら、たとえば兄ばかりに理解や愛情を注いでいたら、弟は「自分が勝ち、相手が負ける」というWin-Loseを考えるようになる。

Win-Loseが
必要な時もあるよなあとは思ったけど
そもそもの考え方のベースは、Win-Loseだと
心がつかれちゃいそうだよね…泣

条件つきの愛を受け入れた子は、愛は努力しなければ得られないものだと考えるようになり、その裏返しとして、自分はもともと価値のない人間だ、愛されるに値する人間ではないのだと思ってしまう。だから自分の価値を内面ではなく外側に求めるようになり、人と比べて勝っていること、誰かの期待に応えられることが自分の価値になる。

親を頼らなければ生きられず、無条件の愛を受けてしかるべき幼い時分に、条件つきの愛で育てられる子どもはどうなるだろうか。弱く傷つきやすい子どもの心は、Ｗｉｎ－Ｌｏｓｅの型にはめられ脚本づけされてしまう。「ぼくがお兄ちゃんよりいい子になれば、お父さんもお母さんももっとぼくを愛してくれる」「パパとママが私よりお姉ちゃんを好きなのは、私が駄目な人間だからなんだ」と思うようになるのだ。

親子関係の他に、仲間同士の関係も強い影響力を持つ脚本になる。子どもは、まず親に受け入れられ、認めてもらおうとする。そして次に、友人などの「仲間」に受け入れられたいと思う。そして誰もが知っているとおり、仲間というのはときに極端なことになる。仲間うちのルールに従って行動できるかどうか、グループの期待に応えられるかどうかで、全面的に受け入れるか、徹底的に排除するかの二つに一つなのである。こうして子どもはますま

でも、精神的につかれてる時、
こういう考え方になる事あるかも。
自分ができない理由を探したい時
とかね…

す、Ｗｉｎ－Ｌｏｓｅの脚本に染まっていく。

学校に上がれば、そこにもＷｉｎ－Ｌｏｓｅの脚本が待ち受けている。学業成績の指標である偏差値は相対的なものであり、誰かがAをとれば誰かがCになる仕組みである。個人の価値を人との比較で測っているのである。学校という世界では内面の価値はまったく考慮されず、外に表れる点数だけで全員の価値が判定されてしまうのだ。

「本日はＰＴＡ総会にお越しいただきましてありがとうございます。今回の試験、お嬢さんはすごいですよ。上位一〇％に入りました」

「ありがとうございます」

「ところが、弟のジョニー君のほうはちょっと問題ですね。下から四分の一のところです」

「本当ですか？　困ったわ。どうしたらいいでしょう？」

しかし本当のところは、弟は下から四分の一とはいえ全力で頑張ったのであり、姉は好成績でも能力の半分しか出していないのかもしれない。相対評価では、このような事実は少しもわからないのである。生徒は潜在能力で評価されるわけではないし、本来持っている能力を存分に発揮したかどうかで評価されるのでもない。他の生徒との比較で成績が決まるのである。しかも学校の成績は社会に出るときも価値を持ち、チャンスの扉が開くか閉じられるかは成績次第だ。協力ではなく競争が教育の根幹をなしているのである。実際、生徒同士の協力といってすぐに思い浮かぶのは、試験の不正ぐらいではないだろうか。

もう一つの強烈なＷｉｎ－Ｌｏｓｅの脚本で動いているのがスポーツである。特に高校や大学のスポーツはそうである。試合で「勝つ」というのは「相手を負かす」ことだ。だから多くの若者は、人生は勝者と敗者しかいないゼロサム・ゲームという考え方を内面に根づかせてしまうことになる。

法律もＷｉｎ－Ｌｏｓｅのパラダイムだ。現代は訴訟社会である。何かトラブルが起きると裁判に持ち込んで白黒はっきりさせ、相手を負かして自分が勝とうとする。しかし、裁判沙汰になれば、当事者はどちらも自分の立場を守ることしか考えられなくなる。人が防衛的になれば、創造的にも、協力的にもならないのだ。

たしかに法律は必要だし、法律がなければ社会の秩序は保てない。しかし秩序は保てても、法律にシナジーを創り出す力はない。よくて妥協点が見つかる程度である。そもそも法律は敵対という概念に基づいている。最近になってようやく、法律家もロースクールも裁判所に頼らず話し合いで解決するＷｉｎ－Ｗｉｎのテクニックに目を向け始めている。これですべてが解決できるわけではないが、Ｗｉｎ－Ｗｉｎを考えた調停や交渉に対する関心は高まっている。

もちろん、本当に食うか食われるかの事態だったら、お互いの立場を尊重してＷｉｎ－Ｗｉｎを目指そう、などと呑気なことは言っていられない。しかし人生の大半は競争ではない。あなたは毎日、パートナーと競争して暮らしているわけではないし、子ども、同僚、隣人、友人たちといつも競争しているわけではない。「お宅では夫婦のどちらが勝ってます？」などという質問は馬鹿げている。夫婦が二人とも勝者でなければ、二人とも敗者なのである。

人生のほとんどは、一人で自立して生きるのではない。他者とともに、お互いに依存しながら生きていく。それが現実である。あなたが望む事柄のほとんどは、周りの人たちと協力できるかどうかにかかっている。Ｗｉｎ－Ｌｏｓｅの考え方でいたら、人と力を合わせて結果を出すことはできない。

Lose−Win

Ｗｉｎ－Ｌｏｓｅとは反対のプログラムが組み込まれている人もいる。Ｌｏｓｅ－Ｗｉｎである。

「ぼくの負けだ。君の勝ちだよ」

「私のことなんか気にしなくていいわよ。あなたの好きなようにすればいい」

「あなたも私を踏みつけにしたらいい。みんなそうするから」

「俺は負け犬。いつだってそうなんだ」

「私は平和主義者よ。波風を立てずにすむなら何でもするわ」


Ｌｏｓｅ－ＷｉｎはＷｉｎ－Ｌｏｓｅよりもたちが悪い。Ｌｏｓｅ－Ｗｉｎには基準というものがないからだ。Ｌｏｓｅ－Ｗｉｎを考える人は、相手に対して何も主張せず、何も期待せず、何の見通しも持たずに、ただ相手を喜ばせたり、なだめたりすることしか考えない。人に受け入れられ、好かれることに自分の強みを求める。自分の気持ちや信念をはっきりと言う勇気がなく、相手の我の強さにすぐ萎縮してしまう。

交渉の場でＬｏｓｅ－Ｗｉｎの態度をとることは降参であり、譲歩するか、諦めるかしかない。リーダーシップのスタイルなら、放任主義か部下の意のままになることだ。要するに、Ｌｏｓｅ－Ｗｉｎのパラダイムを持つことで「いい人」と思われたいのである。たとえ「いい人」が最後は負けるとわかっていても、「いい人」と思われたいのだ。

Ｗｉｎ－Ｌｏｓｅの人は、Ｌｏｓｅ－Ｗｉｎ思考の人が好きである。弱さにつけこみ、餌食にして、自分の思いどおりにできるからだ。Ｗｉｎ－Ｌｏｓｅの強気がＬｏｓｅ－Ｗｉｎの弱気とぴったりとかみ合うわけである。

しかし問題は、Ｌｏｓｅ－Ｗｉｎタイプの人はさまざまな感情を胸の奥底に押し隠していることである。口に出さないからといって、負けて悔しい感情が消えてなくなるわけではない。ずっとくすぶり続け、時間が経ってからもっとひどいかたちで表に出てくる。特に呼吸器系や神経系、循環器系に症状の出る心身症の多くは、Ｌｏｓｅ－Ｗｉｎの生き方を続けたことによって抑圧され、積もり積もった恨み、深い失望、幻滅が病気に姿を変えて表に噴出したのである。過度な怒り、些細な挑発への過剰反応、あるいは世をすねるような態度も、感情を押し殺してきたせいなのである。

より高い目的に到達するために自分の気持ちを乗り越えようとせず、ひたすら感情を抑えることだけを考えていたら、自尊心を失い、しまいには人間関係にも影響が及んでしまう。

Ｗｉｎ－Ｌｏｓｅタイプの人もＬｏｓｅ－Ｗｉｎタイプの人も、内面が安定していないから、自分の立場がぐらぐらと揺らぐのである。短いスパンで見れば、Ｗｉｎ－Ｌｏｓｅのほうが結果は出せるだろう。Ｗｉｎ－Ｌｏｓｅタイプは地位があり、力や才能に恵まれた人が多いから、そういう自分の強みを力にして、相手を負かすことができる。一方のLose－Winタイプの人は、初めから弱気だから、自分が何を手にしたいのかもわからなくなる。

多くの経営者や管理職、親はWin－LoseとLose－Winの間を振り子のように行ったり来たりしている。秩序が乱れ、方向がずれて期待どおりに進まず、規律のない混乱した状態に耐えられなくなるとWin－Loseになり、そのうち自分の高飛車な態度に良心が痛んでくると、Lose－Winになって、怒りやイライラが募ってWin－Loseに逆戻りするわけである。

Lose－Lose

Win－Loseタイプの人間が、角を突き合わせることもある。気が強く頑固で、我を通そうとする者同士がぶつかると、結果はLose－Loseになる。二人とも負けるのだ。そして二人とも「仕返ししてやる」「この借りは絶対に返すぞ」と復讐心に燃えることになる。相手を憎むあまり、相手を殺すことは自分も殺すこと、復讐は両刃の剣であることが見えなくなる。

ある夫婦が離婚したとき、裁判所は夫側に、資産を売却して半額を前妻に渡すよう命じた。前夫はその命令に従い、一万ドルの価値のある車を五〇ドルで売り飛ばし、前妻に二五ドル渡した。妻側の申し立てを受けて裁判所が調べてみると、前夫はすべての財産を同じように二束三文で売却していた。

敵を自分の人生の中心に置き、敵とみなす人物の一挙手一投足が気に障ってどうしようもなくなると、その人が失敗すればいい、たとえ自らを見失ってもとひたすら念じ、他には何も見えなくなる。Lose－Loseは敵対の思想、戦争の思想なのである。

Lose－Loseタイプの人は、自分の目指すべき方向がまったく見えず、他者に極度に依存して生きている自分が惨めでならず、いっそのことみんな惨めになればいいと思ったりもする。早い話、「勝者がいなければ、自分が敗者であることが悪いことではないと思う」わけである。

Win

他者は関係なくただ自分が勝つことだけを考えるパラダイムもある。Winタイプの人は、他の誰かが負けることを望んでいるわけではない。他人の勝ち負けはどうでもよく、自分の欲しいものを手に入れることだけが大切なのである。

競争や争いの意識がない日々のやりとりの中では、Winはもっとも一般的なアプローチだろう。Ｗｉｎタイプの人は、自分の目標が達成できるかどうかしか頭にないから、他人の目標がどうなろうと自分には関係ないと考える。

どのパラダイムがベストか？

ここまで紹介した五つのパラダイム――Ｗｉｎ－Ｗｉｎ、Ｗｉｎ－Ｌｏｓｅ、Ｌｏｓｅ－Ｗｉｎ、Ｌｏｓｅ－Ｌｏｓｅ、Ｗｉｎ――のうち、一番効果的なパラダイムはどれだろうか。答えは「ケース・バイ・ケース」である。サッカーの試合なら、どちらかのチームが勝ち、もう一方のチームは負ける。あるいは、あなたが勤める支店が他の支店と遠く離れていて、支店間の連携がなく、支店同士で業績を競う刺激が足りないなら、業績を上げるためにＷｉｎ－Ｌｏｓｅのパラダイムで他社の支店と競うかもしれない。しかし、会社の中で他のグループと協力して最大限の成果を出さなければならない状況では、例の「バミューダ行きレース」のようなＷｉｎ－Ｌｏｓｅを持ち込むことはしたくはないだろう。

あなたと誰かとの間に問題が起き、その問題が些細なことで、お互いの関係のほうがよっぽど大切なら、あなたが譲歩して相手の要求を丸ごと受け入れ、Lose−Winで対処するほうがよい場合もある。「私が欲しいものより、あなたとの関係のほうが大切です。今回はあなたの言うとおりにしましょう」という態度である。あるいは、今あるWinを選択することで、さらに大きな価値を損ねてしまうのであれば、Lose−Winを選択するだろう。そこに時間と労力をかけてまで選択する価値はない。

どうしても勝たなくてはならない、そのWinを自分が手にすることで、他人にどんな影響が及ぼうとかまわない、そんな状況もあるだろう。たとえばあなたの子どもの命が危険にさらされていたら、他人のことや周囲の状況など露ほども考えず、あなたの頭の中はわが子を救うことだけでいっぱいなはずだ。

だから、状況次第でどのパラダイムも一番になりうるのである。肝心なのは、状況を正しく読みとって使い分けることである。Win−Loseであれ、それ以外のパラダイムであれ、一つのパラダイムをどんな状況にも当てはめてはいけない。

そうはいっても、現実の人間社会においては、ほとんどが相互依存関係なのであり、五つのパラダイムの中でWin−Winが唯一の実行可能な選択肢になるのだ。

Ｗｉｎ－Ｌｏｓｅでは、その場では自分が勝ったように見えても、相手の感情や自分に対する態度が相手の心にわだかまりを残し、お互いの関係に悪影響を与えないとも限らない。たとえば、私があなたの会社に商品を卸すとしよう。あるときの商談で私が自分の条件を通したとしたら、とりあえず私は自分の目的を達したことになる。しかしあなたは次も私と取引してくれるだろうか。一回限りの取引で終わってしまったら、今回は勝ちでも長い目で見れば負けである。だから相互依存の現実社会におけるＷｉｎ－Ｌｏｓｅは、実はどちらも負けるＬｏｓｅ－Ｌｏｓｅなのである。

逆に私がＬｏｓｅ－Ｗｉｎの結果で妥協したとしたら、その場はあなたの希望どおりになるだろう。しかし今後、あなたに対する私の態度、契約を履行するときの私の態度にどんな影響があるだろうか。あなたに喜んでもらいたいから契約をしっかり履行しようという気持ちは薄れるだろうし、次回からの商談の席でも、このときに受けた心の傷を引きずっているかもしれない。同じ業界の他の会社と商談するときに、あなた個人とあなたの会社に対する反感をつい口にするかもしれない。これまた結局は双方敗者のＬｏｓｅ－Ｌｏｓｅである。どんな場合でもＬｏｓｅ－Ｌｏｓｅが望ましい選択肢になりえないのは言うまでもないことだ。

あるいは私が自分の勝ちしか考えないＷｉｎの態度で商談を進め、あなたの立場をまったく考えなかったら、この場合もやはり、生産的な関係を築く土台はできない。

先々のことを考えれば、どちらも勝者になれなければ、結局はどちらも負けなのである。だから、相互依存の現実社会の中で採れる案はＷｉｎ－Ｗｉｎだけなのである。

ある大手の小売チェーンの社長にコンサルティングをしたときのことである。社長は私にこう言った。

「博士、Ｗｉｎ－Ｗｉｎというのは聞こえはいいですが、理想的すぎやしませんか。商売の現実は厳しくて、とてもそんなものじゃありません。どこでもＷｉｎ－Ｌｏｓｅ、勝つか負けるかでやっているんです。そのつもりでやらないと、ゲームに負けるのですよ」

「それじゃ、お客さんとＷｉｎ－Ｌｏｓｅでやってごらんなさい。それなら現実的でしょう？」

「それはだめですよ」と彼は答えた。

モテは大事ってこと

ゆうこすのモテは
相手の気持ちを推し量る事だもん

「なぜです？」

「お客さんを失くしてしまいます」

「それならＬｏｓｅ－Ｗｉｎでやったらどうでしょう。商品をタダで提供するんです。これなら現実的ですか？」

「それもだめです。ノーマージン・ノーミッションですよ」

私たちはさまざまな代替案を出したが、Ｗｉｎ－Ｗｉｎ以外に現実的な方法はないように思われた。

「お客様にはＷｉｎ－Ｗｉｎが正しいと思いますが……」と彼は認めたが、「仕入れ先は違うんじゃないですか」と続けた。

「しかし仕入れ先からすれば、お宅は顧客でしょう。同じようにＷｉｎでやるべきじゃないですか？」と私は言った。

「実は、ショッピングセンターのオーナーと賃貸契約を交渉したばかりなんです」と彼は話し始めた。「こちらはＷｉｎ－Ｗｉｎの態度で交渉に臨みました。オープンに、無理を言わず、相手の立場を考えて交渉したんです。ところが向こうは、こちらの態度を弱腰とみて、つけいってきました。私たちは完全にやられてしまったんです」

「なぜあなたはＬｏｓｅ－Ｗｉｎをやったんです？」と私は尋ねた。

やっぱり色んな人と話すの大事。自分バイアスって超かかるよね…


「違います。私たちはWin-Winにしたかったんです」

「今、完全にやられたとおっしゃいましたよね？」

「言いましたよ」

「つまり、負けたわけですね」

「そうです」

「そして相手が勝った」

「そうです」

「それを何と言うんです？」

わーお

今まで自分がWin-Winと思っていたことが、実はLose-Winだったことに気づいて、彼はショックを受けたようだった。そしてそのLose-Winは、自分の感情を抑えつけ、価値観を踏みにじる。恨みがくすぶり、お互いの関係に影を落とすのであるから、結局のところLose-Loseになることを彼も悟ったのである。

この小売チェーンの社長が本当の意味でWin-Winのパラダイムを持っていたなら、コミュニケーションの時間をもっととり、オーナーの話をもっとよく聴いてから、勇気を出して自分の立場を説明していただろう。お

ゆうこす、これ
多いかも！仕事では！！

私生活では
そんな事ないが(笑

互いに満足できる解決策を見つけるまで、Win-Winの精神で話し合いを続けたはずだ。双方が満足できる解決策となる第3の案は、お互いに一人では考えつかない素晴らしい解決策になっていたはずだ。

Win-Win or No Deal

お互いに満足でき、合意できる解決策を見つけられなかったら、Win-Winをさらに一歩進めたパラダイム、「Win-Win or No Deal」という選択肢がある。

No Deal（取引しない）とは、簡単に言えば、双方にメリットのある解決策が見つからなければ、お互いの意見の違いを認めて、「合意しないことに合意する」ことである。お互いに相手に何の期待も持たせず、何の契約も交わさない。私とあなたとでは、価値観も目的も明らかに正反対だから、私はあなたを雇わない、あるいは今回の仕事は一緒にはしないということだ。双方が勝手な期待を抱き、後々になって幻滅するよりは、最初からお互いの違いをはっきりさせ、認め合うほうがよっぽどいい。

No Dealを選択肢の一つとして持っていれば、余裕を持つことができファンをうらぎりたくないし。

ゆうこすはお仕事相手にはこのスタンスかも

はっきりしてて信頼できるよね

る。相手を操ったり、こちらの思惑どおりに話を進めたりする必要はないのだし、何がなんでも目的を達しなければならないと必死にならずともすむ。心を開いて話せるし、感情の裏に潜む根本的な問題をわかろうとする余裕も生まれる。

Ｎｏ Ｄｅａｌの選択肢があれば、正直にこう話せる。「お互いに満足できるＷｉｎ－Ｗｉｎ以外の結論は出したくないんです。私も勝って、あなたにも勝ってほしい。だから、私のやり方を通しても、あなたに不満が残るのは嫌なんです。後々不満が噴き出さないとも限りません。それでは信頼関係が崩れます。逆に、私が我慢して、あなたの思いどおりになったとしても、あなたはあなたで後味が悪いでしょう。だからＷｉｎ－Ｗｉｎの道を探しましょう。一緒に本気で考えましょう。それでも見つからなければ、この話はなしということでどうでしょうか。お互いに納得のいかない決定で我慢するよりは、今回は取引しないほうがいいと思います。また別の機会もあるでしょうから」

ある小さなコンピューターソフトウェア会社の社長に、「Ｗｉｎ－Ｗｉｎ ｏｒ Ｎｏ Ｄｅａｌ」の考え方を教えたところ、次のような経験を話してくれた。

最強!!

めちゃ信頼できる。こんな事言われたら仕事一緒にしたくなる…

「うちで開発した新しいソフトをある銀行に五年契約で販売したんです。頭取はそのソフトを高く評価してくれたのですが、他の役員はあまり乗り気ではなかったようです。契約から一ヵ月ほどたって、頭取が交代しましてね。新しい頭取からこう告げられたんです。『今回のシステム変更はちょっと厄介なことになっていまして、困っているのですよ。下の者たちはみんな口を揃えて、新しいソフトにはついていけないと言ってまして、私としても、今の時点で変更を無理には進められないと思います』と。

その頃、うちの会社は深刻な財政難に陥っていました。契約の履行を銀行に強要しても、法的には何の問題もないことはわかっていました。しかし私はWin-Winの原則を信じています。そこで頭取にこう言ったんです。『この件はもう契約を交わしています。貴行は、システムの変更のために私どもの商品とサービスを購入する約束をしています。ですが、今回の変更に銀行の皆さんが満足していないということでしたら、契約は白紙に戻して、手付金はお返ししましょう。もし今後、何かソフトが必要になりましたら、どうぞよろしくお願いいたします』

八万四〇〇〇ドルの契約を自分から捨てたようなものです。会社の財政を考えれば、まるで自殺行為ですよ。しかし正しい原則に従ったのだから、いつか報われる、プラスになって返ってくる、そう信じていました。
　それから三ヵ月後、あの頭取から電話がありまして、『データ処理システムを変える計画を進めている。御社にお願いしたい』ということでした。これがなんと、二四万ドルの契約になったのです」

　相互依存で成り立つ社会で人間関係を長く続けようと思ったら、Win-Win以外のパラダイムは次善の策にするにしても問題がある。必ずネガティブな影響を残すからだ。どのくらいの代償を払うことになるのか、よくよく考えてみなければならない。本当のWin-Winに達しないのであれば、ほとんどの場合はNo Deal、「今回は取引しない」としたほうが得策である。

　Win-Win or No Dealは、家族同士の関係においても精神的に大きな自由をもたらす。家族でビデオを観ようというとき、全員が楽しめるビデオがどうしても決まらなければ、誰かが我慢してまでビデオを観るよりは、その夜はビデオ鑑賞はせずに（No Deal）、全員で他のことをすればいいのである。

私のある友人は、何年も前から家族でコーラスグループを組んでいる。子どもたちがまだ小さい頃は、母親が曲を決め、衣装をつくり、ピアノの伴奏をやり、歌い方の指導もしていた。

ところが子どもたちが成長するにつれて音楽の趣味が変わっていくと、曲目はもちろん衣装にも口を挟み、母親の指導に素直に従わなくなった。

母親自身、舞台に立つ経験は積んでいたし、慰問活動を計画していた老人ホームの人たちの好みの曲は知っているつもりだったから、子どもたちのアイデアには賛成しかねた。しかし、その一方で子どもたちが意見を言いたい気持ちも理解できたから、曲目を決めるプロセスに子どもたちも参加させたいとも思っていた。

そこで彼女は、Ｗｉｎ－Ｗｉｎ ｏｒ Ｎｏ Ｄｅａｌでいくことにした。全員が満足する案を相談し、もし全員が合意できなければ、別のみんなの才能を楽しむ方法を探してはどうかと持ちかけた。合意に達しても達しなくても、わだかまりが残る心配がないことがわかり、子どもたちは自由にアイデアを出し合い、お互いのアイデアに意見を述べ、最終的にＷｉｎ－Ｗｉｎの合意に達することができたのである。

Win-Win or No Dealのアプローチが特に効果を発揮するのは、新しく事業を興したり、新しい取引先と契約を結んだりするときである。すでに続いている取引関係では、No Deal（取引しない）が現実的な選択肢にはならない場合もある。家族経営の会社や友人同士で始めたビジネスなら特に、深刻な問題に発展しないとも限らない。

関係が壊れるのを恐れ、何年もだらだらと妥協に妥協を重ねる場合もある。口ではWin-Winと言いながらも、Win-LoseやLose-Winを考えている。これではライバル会社がWin-Winの考え方でシナジーの力を発揮している場合には、なおさら人間関係にもビジネスにも深刻な問題を生む。

No Dealというオプションを使わないばっかりに、業績を悪化させ、ついには倒産に追い込まれるか、外部の経営者に実権を委ねざるを得ない事態に陥る企業は少なくない。過去の例を見ても、家族や友人同士で会社を興す場合は、将来何かの案件を巡って意見が割れ、それについてはNo Dealとなる可能性があることを最初から考慮に入れ、その場合の処理の仕方を決めておくほうが賢明である。そうしておけば、人間関係に亀裂が入らずにビジネスを続けて成功することができる。

もちろん、Ｎｏ Ｄｅａｌのオプションを使えない場合もある。たとえば自分の子どもや妻・夫との関係にＮｏ Ｄｅａｌを選び、なかったことにするわけにはいかない。必要ならば妥協を選んだほうがよいこともある。この場合の妥協は、低いレベルでのＷｉｎ－Ｗｉｎになる。しかしたいていの場合は、Ｗｉｎ－Ｗｉｎ ｏｒ Ｎｏ Ｄｅａｌの姿勢で交渉を進めることができる。そうすれば、お互いに腹の探り合いをせずに、自由に最善の案を探すことができるのである。

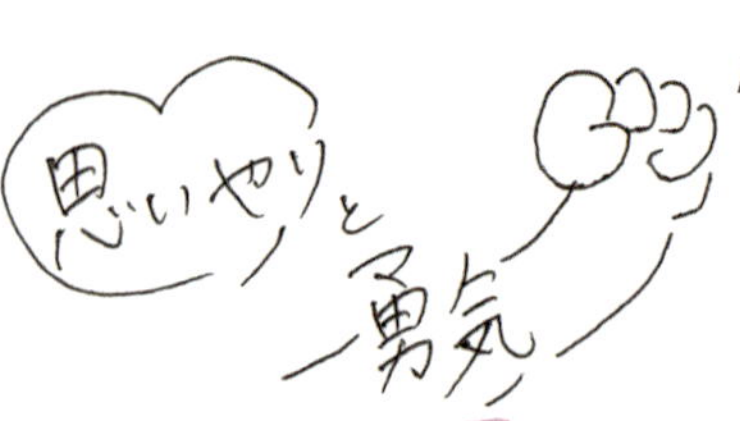

Ｗｉｎ－Ｗｉｎの五つの側面

「Ｗｉｎ－Ｗｉｎを考える」は、人間関係におけるリーダーシップの習慣である。人間だけに授けられた四つの能力（自覚・想像・良心・意志）すべて発揮して、お互いに学び合い、お互いに影響し合い、お互いに得るところのある人間関係を育てていくための習慣である。

お互いのためになる関係を築くには、大きな思いやりと勇気が必要である。特にＷｉｎ－Ｌｏｓｅのパラダイムに脚本づけられた相手ならばなおさらだ。

この習慣は人間関係におけるリーダーシップの原則が重要になる。人間関係でリーダーシップを発揮するには、ビジョンと主体的な率先力、そして原則中心の主体的な生き方から得られる四つの要素（安定・指針・知恵・力）が必要である。

Ｗｉｎ－Ｗｉｎの原則は、あらゆる人間関係の成功を築くための基礎であり、互いに関連し合う五つの側面でできている。まず**人格**があって、それによって**人間関係**が築かれ、そこで**協定**ができる。合意に至るまでの流れを円滑に進めるためには、Ｗｉｎ－Ｗｉｎに基づく**構造**と**システム**が要る。さらに、**プロセス**も重要だ。Ｗｉｎ－Ｌｏｓｅや、Ｌｏｓｅ－Ｗｉｎのプロセスでは、Ｗｉｎ－Ｗｉｎの結果に到達することはできない。

五つの側面の相関関係を図に表すと、このようになる。

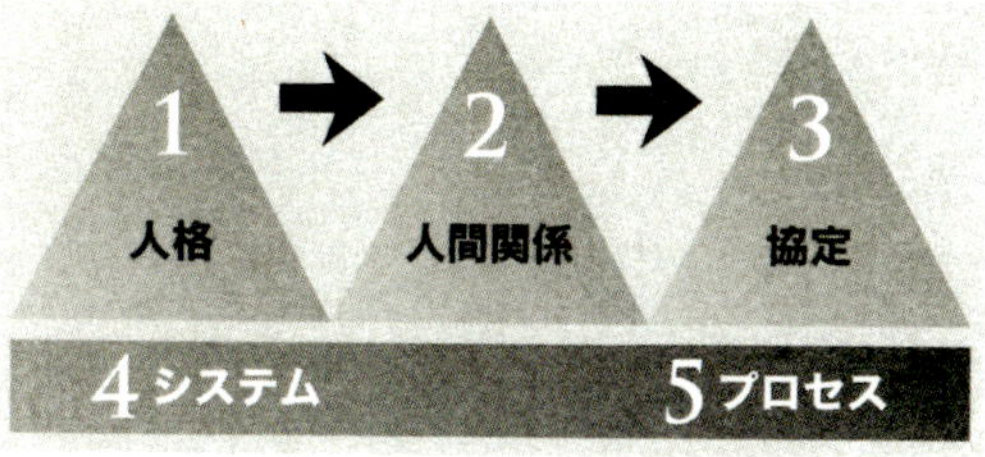

1　Ｗｉｎ－Ｗｉｎ　人格

2　Ｗｉｎ－Ｗｉｎ　人間関係

1 人格 → 2 人間関係 → 3 協定

4 システム　5 プロセス

3 Win-Win 協定

4 Win-Win システム

5 Win-Win プロセス

では、五つの側面を順番に見ていこう。

人格

人格はWin-Winの土台である。すべてがこの土台の上に築かれる。そしてWin-Winのパラダイムを身につけるには、人格の三つの特徴を育てなければならない。

● **誠実**――前に定義したように、誠実さとは「自分自身に価値を置くこと」である。第1、第2、第3の習慣を身につけることで、誠実さを開発し維持する。自分の価値観を明確にし、その価値観に従って主体的に計画を実行するにつれて私たちは自覚を持って意義ある約束を決意し、守り続ける意志を育てていくことができるのだ。

そもそも、本当の意味で自分にとってのWinは何なのか、自分の内面のモテ!! これぞモテ!!
成熟とはモテだったのか…

奥底にある価値観と一致するWinが何かを知らずにいたら、日々の生活でWinを求めるといっても無理な話である。そして、自分と約束したことも他者と約束したことも守れなければ、私たちの約束は無意味になる。そのような自分の本性は自分でもわかっているし、他の人たちも見抜いている。裏表のある人だな、と思う相手には、誰でも身構えるものである。それでは信頼関係ができるわけがない。Win−Winと口では言っても、非効果的な表面上のテクニックにしかならない。誠実さは、人格という基礎の要石なのである。

こういう
ぶりっ子は
モテません…

●成熟

成熟とは、**勇気と思いやりのバランスがとれている**ことである。私は一九五五年の秋、ハーバード・ビジネス・スクールのフランド・サクセニアン教授からこの成熟の定義を教わった。教授は、「相手の考え方や感情に配慮しながら、自分の気持ちや信念を言えること」が成熟だと教えていた。これ以上にシンプルで、しかも奥深く、本質をついた成熟の定義が他にあるだろうか。サクセニアン教授は、自身の研究を進める中で長年にわたり実地調査を積み重ね、歴史を紐解いて、この定義に到達し、後に研究の成果をハーバード・ビジネス・レビュー誌（一九五八年一、二月号）に掲載した。裏づけとなる資料、実践のアドバイスも含めた詳細な論文になっている。サクセニアン教授の言う「成熟」は人格を補完するものであり、段階的に発達していくものとされているが、「7つの習慣」は人間的な成長と発達に重点を置いており、成熟についても、依存から自立、そして相互依存へと至る「成長の連続体」の中でとらえている。

採用試験や昇進審査、あるいは能力開発の研修などで行われる心理テストも、基本的には成熟の度合いを測るようにつくられている。「自我／共感バランス」や「自信／他者尊重バランス」「人間志向／仕事志向バランス」、交流分析で言う「I'm OK, You're OK（私はOK、あなたもOK）」（訳注：米国の精神科医トマス・アンソニー・ハリスによる交流分析の考え方）、あるいはマネジリアル・グリッド論（訳注：一九六四年にブレイクとムートンによって提唱された行動理論。リーダーシップの行動スタイルを「人への関心」と「業績への関心」という二つの側面からとらえた九つの類型に分類した）の9・1型、1・9型、5・5型、9・9型など、呼び名はいろいろあるが、煎じ詰めれば、どのテストでも勇気と思いやりのバランスを問題にしている。

人間関係論やマネジメント論、リーダーシップ論のどれをとっても、根底には勇気と思いやりのバランスをとる大切さがある。それはP／PCバランスの具体的なかたちである。結果（黄金の卵）を出すには勇気が要るが、その一方で、自分以外の関係者（ガチョウ）の幸福を長い目で見て思いやる気持ちもなくてはならない。すべての関係者が充実した人生を生きられるようにすることが、リーダーの基本的な役割なのである。

人は物事を「あれかこれか」の二者択一でとらえがちである。答えは二つに一つしかないと思ってしまう。たとえば、優しい人なら厳しくはないはずだと決め込む。しかし、Ｗｉｎ－Ｗｉｎを目指す人は、優しさと同時に厳しさを持ち合わせている。Ｗｉｎ－Ｌｏｓｅタイプの人よりも二倍も厳しいのである。優しさだけでＷｉｎ－Ｗｉｎの結果に到達することはできない。勇気も必要だ。相手の身になって考えるだけでなく、自信を持って自分の考えを述べなくてはならないのだ。思いやりを持ち、相手の気持ちを敏感に察することも大事だが、勇敢であることも求められるのである。勇気と思いやりのバランスをとることが本当の意味での成熟であり、Ｗｉｎ－Ｗｉｎの前提条件なのである。

もし私が、勇気はあるけれども思いやりに欠ける人間だったら、どのような考え方をするだろうか。Ｗｉｎ－Ｌｏｓｅである。我が強く、相手を負かそうとする。自分の信念を貫く勇気はあるが、相手の信念を思いやることはで

ツイート
色んな事に挑戦して
色んな経験をして、色んな人と会って
やっぱそういう人が強いのは
弱さも知ってるからだよなあ

きない。

このような内面的な未熟さや精神的な脆さを補うために、私はおそらく、自分の社会的地位や権力、学歴、年齢を笠に着て、相手を圧倒しようとするだろう。

逆に、思いやりは深いけれども、勇気がない人間だったら、Lose-Winを考えてしまう。相手の立場や要望に気を遣うあまり、自分の立場を一言も口に出さずに終わってしまう。

高いレベルの勇気と思いやりの両方が、Win-Winに不可欠なものである。勇気と思いやりのバランスこそが、成熟した人間かどうかを測る基準になる。バランスがとれていれば、相手の身になって話を聴き、理解することもできるし、勇気を持って自分の立場を主張することもできるのである。

●豊かさマインド――Win-Winに不可欠な人格の三番目の特徴は、豊かさマインドというものである。この世にはすべての人に行きわたるだけのものがたっぷりあるという考え方だ。

ほとんどの人は、欠乏マインドに深く脚本づけられている。パイはたった一個しかなく、誰かがひと切れ食べてしまったら、自分の取り分が減ってし

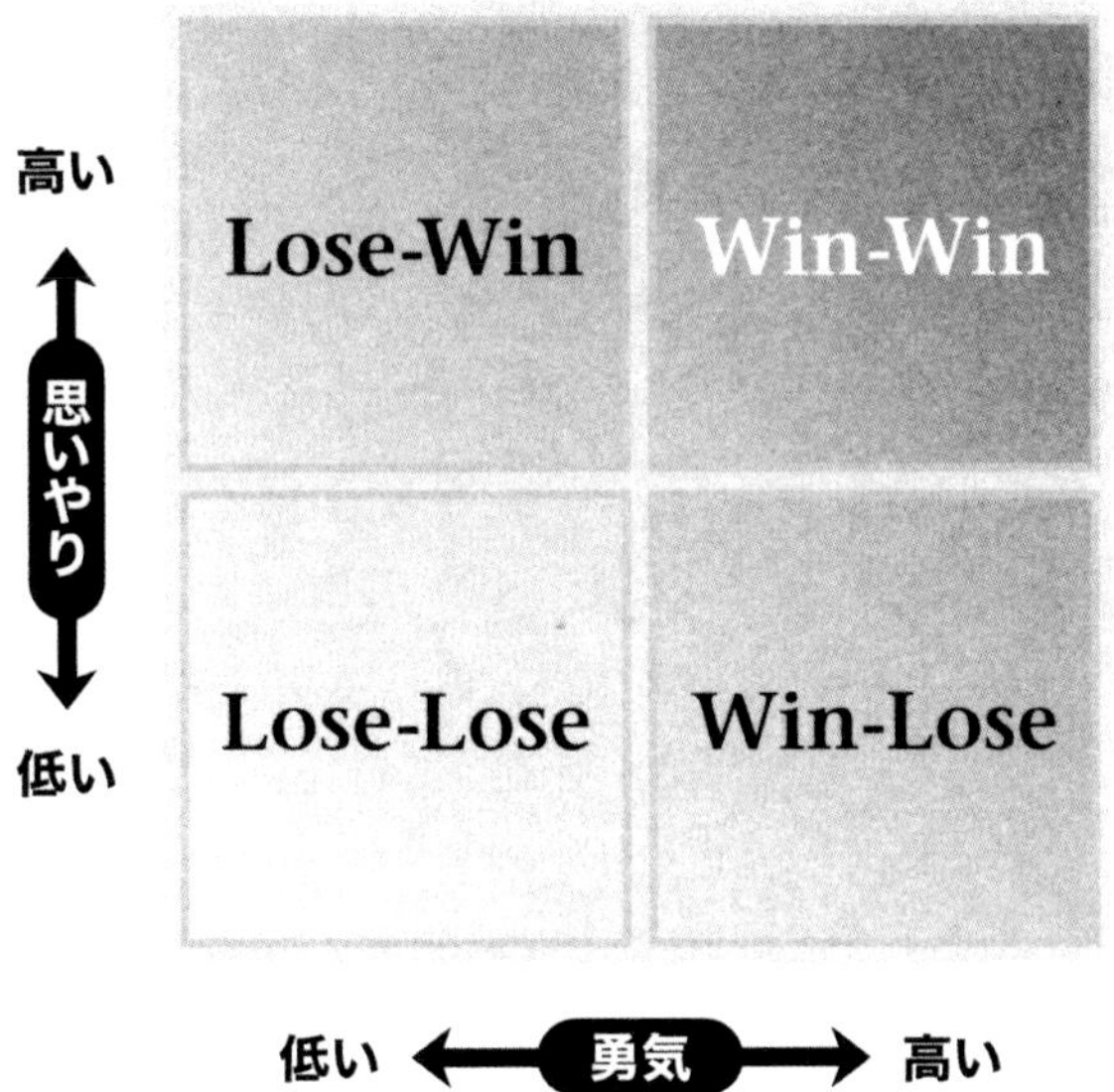
高い
思いやり
低い
Lose-Win
Win-Win
Lose-Lose
Win-Lose
低い
勇気
高い

ツイート

素直に人の喜びを喜べる人でいたいよねー

まうと考える。物事はすべて限りがあると思い、人生をゼロサム・ゲームととらえる考え方である。

欠乏マインドのままでは、手柄を独り占めし、名誉や評判、権力もしくは、利益をサポートしてくれた人とさえ分かち合おうとしない。だから、自分以外の人間の成功は喜べない。同僚や親しい友人、家族の成功さえも素直に祝福できない。誰かが褒められたり、思いがけない利益を得たり、大きな成果を出したりすると、まるで自分が損をしたような気分になるのだ。

他者の成功に口では「おめでとう」と言いながら、胸の内は嫉妬に食い尽くされている。周りの人間と比較して自分はどうなのかといつも気にしているから、程度の差こそあれ、人の成功は自分の失敗を意味するのである。成績表に「A」がつく生徒はたくさんいても、「一番」になれるのは一人しかいないと考えてしまうのだ。欠乏マインドの人にとって、勝つことは、人を負かすことに他ならない。

欠乏マインドに染まっている人はえてして、他人の不幸をひそかに望んでいる。もちろん、そんなにひどい不幸を望んでいるわけではないが、自分に影響が及ばない範囲で不幸に遭えばいいと思っている。他人が成功せずにいてくれれば、それでいいのである。彼らは、いつも誰かと自分を比較し、競

精神的にツライ時や、体がつかれてる時、豊かさマインドも減る気がする…

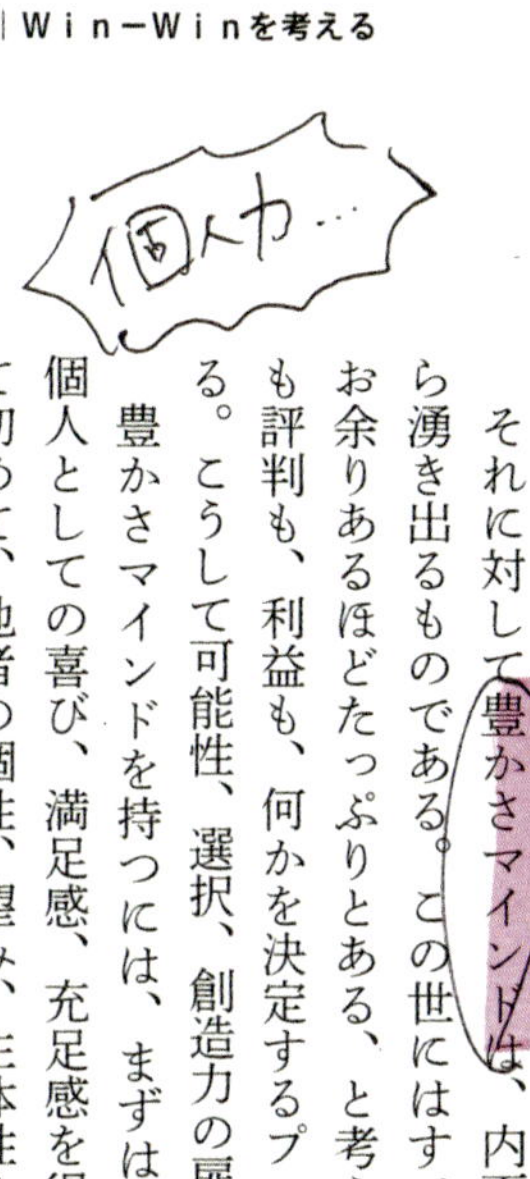

争している。自尊心を持ちたいがために、モノを所有したり、他者を抑えつけたりすることにひたすら労力を費やしているのである。

こういう人は、他人を自分の思いどおりにしたがる。自分のクローンをつくりたがり、イエスマンやご機嫌とりで自分の周りを固め、自分よりも強い人間は遠ざける。

欠乏マインドの人が、相互を補完するチームの一員になることは難しい。彼らは自分との違いを不服従や反抗ととらえてしまうからだ。

それに対して豊かさマインドは、内面の奥深くにある自尊心と心の安定から湧き出るものである。この世にはすべてのものが全員に行きわたってもなお余りあるほどたっぷりとある、と考えるパラダイムである。だから、名誉も評判も、利益も、何かを決定するプロセスも、人と分かち合うことができる。こうして可能性、選択、創造力の扉が開かれるのだ。

豊かさマインドを持つには、まずは第1、第2、第3の習慣を身につけ、個人としての喜び、満足感、充足感を得ていなければならない。それがあって初めて、他者の個性、望み、主体性を認めることができる。前向きに人と接することが自分の成長にとって無限の可能性をもたらすとわかっているから、それまで考えてもいなかった新しい第3の案を生み出せるのだ。

公的成功は、他者を打ち負かして手にする勝利のことではない。関わった全員のためになる結果に達するように効果的な人間関係を築くこと、それが公的成功である。協力し、コミュニケーションをとりながら、一緒にことを成し遂げることである。各自がばらばらにやっていたらできないことを、力を合わせて成し遂げる関係を築くことが公的成功なのだ。公的成功とはつまり、豊かさマインドのパラダイムから自然と生まれる結果なのである。

「誠実」「成熟」「豊かさマインド」を高いレベルで備えた人格は、あらゆる人間関係において、個性主義のテクニックにはとうてい及ばない本物の力を発揮する。

Ｗｉｎ－Ｌｏｓｅタイプの人がＷｉｎ－Ｗｉｎの人格を備えようとするときに、私が見出したことの一つは、Ｗｉｎ－Ｗｉｎタイプの人と接してモデルやメンターにするのが一番効果的だということである。深くＷｉｎ－Ｌｏｓｅのパラダイムに脚本づけられた人々が、同じようなＷｉｎ－Ｌｏｓｅタイプの人とばかり付き合っていたら、Ｗｉｎ－Ｗｉｎの態度を実際に見て学ぶ機会はそうない。それゆえ、私は文学を読むことを勧めたい。たとえば、アンワル・サダトの自伝『**エジプトの夜明けを**』を読んだり、映画『**炎のランナー**』や演劇『**レ・ミゼラブル**』を観たりすることも、Ｗｉｎ－Ｗｉｎを知るきっかけになるだろう。

しかし覚えておいてほしい。誰でも自分の内面の奥深くを見つめれば、これまで従っていた脚本、これまでに身につけた態度や行動を乗り越え、他のすべての原則と同じように、Ｗｉｎ－Ｗｉｎの本当の価値を自分の生き方で証明できるのである。

人間関係

人格の土台ができたら、その上にＷｉｎ－Ｗｉｎの人間関係を築いていくことができる。Ｗｉｎ－Ｗｉｎの人間関係の本質は信頼である。信頼がなければ、できるのは妥協だ。心を開いてお互いに学ぶことも、気持ちを理解し合うことも、本当の創造力を発揮することもできない。

しかし、信頼口座にたっぷり預け入れしてあれば、お互いに相手を信頼し、尊重しているから、相手がどんな人間か探る必要もないし、相手の性格や立場にとらわれず、すぐに目の前の問題そのものに意識を向けることができる。

信頼し合っていれば、心を開ける。お互いに手の内をさらけ出せる。たとえ私とあなたが一枚の絵を違った見方をしていても、お互いに信頼していれば、あれは若い女性の絵だという私の意見にあなたが耳を傾けてくれることを私は知っているし、あなたが、いや違う、あれは老婆だと主張すれば、私が真剣に取り合うことをわかっている。私たちは、お互いの見方をきちんと理解し、力を合わせて別の答えを探そうとする。どちらも満足でき、どちらにとってもより良い第3の案を見つけようという意志がある。

お互いに信頼口座の残高がたっぷりあり、お互いに本気でWin-Winを目指せる関係は、大きなシナジーを創り出す（第6の習慣）跳躍板になる。信頼し合っている関係であれば、問題の重要度が小さくなるとか、ものの見方の違いがなくなると言っているのではない。そうではなくて、相手の性格や立場の違いを遠ざけようとするネガティブなエネルギーが消え、それに代わって協力的なポジティブなエネルギーが生まれ、問題点を徹底的に理解し、お互いのためになる解決策を一緒に見つけることに集中できるようになるのだ。

しかし、あなたと相手にこのような信頼関係がなかったら、どうなるだろうか。Win-Winなど聞いたこともなく、Win-Loseに深く脚本づけられた人と何かを決めなくてはならないとしたら、どうすればいいのだろうか。

Win-Loseタイプの人とぶつかったときこそ、Win-Winの本領が試される。どんな状況のときでもＷｉｎ－Ｗｉｎを達成するのはそう簡単なことではない。深く根づいた問題やお互いの根本的な違いを乗り越えなければならないのだから、簡単にすむ話でないのは当然だ。しかし、しっかりとした信頼関係が育っていて、それに取り組もうという意志があれば、ずっとやりやすくなる。

だから、Ｗｉｎ－Ｌｏｓｅのパラダイムで物事を考える人が相手でも、鍵となるのは人間関係である。そのためにはまず、フォーカスするところは影響の輪の中である。その人に礼を尽くし、敬意を払い、その人の意見を尊重することによって、信頼口座に預け入れをする。コミュニケーションの時間も長くとる。相手の話をよく聴き、深く理解しようと努める。そして自分の意見は勇気を持って述べる。相手の出方に反応してはいけない。自分の内面の奥底から、主体的であるための人格の強さを引き出すように努める。お互いに満足できる解決策を真剣に探そうとしていることが相手に伝わるまで、信頼関係を築く努力を続ける。このプロセスそのものが、信頼口座への大きな預け入れになるのだ。

あなたの誠意、主体性、Ｗｉｎ－Ｗｉｎを目指す決意が強くなるほど、相手に与える影響力も大きくなる。人間関係で発揮されるリーダーシップの強さは、これで測ることができる。取引型リーダーシップを超えて、変革型リーダーシップとなり、自分も相手も、そして関係そのものを変える力を持つのである。

Win-Winが原則であることは、誰もが毎日の生活の中で実証することができる。だから、お互いに満足できる結果を求めるのであれば、それぞれが望んでいるものよりも良いものを得られることを説明すれば、ほとんどの人はわかってくれるはずだ。そうはいっても、Win-Loseの考え方が深く根を張っていて、Win-Winの考え方をどうしても理解できない人も中にはいる。そういう人に出会ったら、No Deal（取引きしない）という選択肢を思い出してほしい。あるいは、低いレベルのWin-Win、妥協の道を探したほうがいい場合もあるだろう。

ここで注意してほしいのだが、信頼口座の残高の多い間柄だからといって、何もかもWin-Winで決めなければならないというわけではない。ここでも、鍵を握るのは人間関係である。仮にあなたと私が職場の同僚だとしよう。あなたが私のところに来て、「スティーブン、君が今回の決定に納得がいかないのはわかっている。しかし、君に説明する時間も参加してもらう時間もなかったんだ。君からすればぼくの決定は間違っているかもしれないが、親しき仲にも礼儀あり、すぎる…


今回だけは賛成してくれないだろうか？」と言ったとする。

あなたが私の信頼口座に多くの残高を持っているならば、もちろん私はあなたの言うとおりにするだろう。私の意見が間違っていて、あなたの判断が正しいと望み、あなたが決めたことがうまくいくように協力するはずだ。

しかし、信頼口座の残高がゼロだったら、そのうえ私が反応的な人間だったら、あなたを心から支援することはないだろう。口では賛成するよと言いながら、内心はまったく無関心で、どうなってもいいと思うだろう。うまくいくようにできる限りのことをしてあげようとはしないだろう。そして失敗したら、「だめだったのか、私にどうしてほしいと言うんだ」と言うのである。

もし私が過剰に反応してしまう人間なら、すっかり逆上して、あなたの決定に猛反対し、他の同僚たちにも妨害するよう仕向けるかもしれない。あるいは、悪意ある従順さを持ってあなたに言われたことだけをやって、失敗したら責任は引き受けようとしない。

私はイギリスに五年間住んでいたことがあるが、その間、国中の電車が停まって大混乱に陥った事態を二度ほど経験した。電車の車掌たちが、規則に従順なあまり融通がきかず、現実の状況に臨機応変に対応せず、紙に書かれた規則や手順を守っていればいいという態度で仕事をしていたことが原因だった。

いくら協定を結んで書面にしたところで、人格と信頼関係の土台がなければ、ただの紙切れになってしまう。Win－Winの結果を求めるなら、それを実現できる人間関係を誠心誠意築くことが先決なのである。

協定

人間関係を築ければ、Win－Winの中身を明確にし、そこに至るまでの道筋を示した協定を結ぶことができる。**業務契約**や**パートナーシップ協定**などと呼ばれ、人間関係のパラダイムは、上下関係から対等な立場で成功を目指すパートナーシップの関係に変わる。監督が歩きまわって目を光らせるのではなく、自分が自分のボスになり、自分を管理して行動するのである。

Win－Win実行協定は、相互依存の人間関係に幅広く応用できる。第3の習慣のところでデリゲーションの例として「グリーン・アンド・クリーン（緑色できれい）」のエピソード（三二一ページ）を紹介したが、これもWin－Win実行協定の例である。そこで取り上げた全面的なデリゲーションのための五つの要素は、Win－Win実行協定においても基本の枠組みになる。労使間の協定でも、プロジェクトチーム内の協定でも、共通の目的に向かって協力するグループ同士の協定でも、会社と仕入れ先の協定でも、いずれにせよ、何かを成し遂げようとする人々の間では五つの要素が満たされれば、お互いに期待することが明確になり、相互依存への努力に向けて、効果的な方法を見出すことができる。

Ｗｉｎ－Ｗｉｎ実行協定では、次の五つの要素をはっきりと決めることが大切である。

- **望む成果**——いつまでに、何を達成するのか（手段を決めるのではない）
- **ガイドライン**——望む結果を達成するときに守るべき基準（規則、方針など）
- **リソース**——望む結果を達成するために使える人員、資金、技術、組織のサポート
- **アカウンタビリティ**（報告義務）——結果を評価する基準、評価する時期
- **評価の結果**——達成度合い、貢献度合い、評価の結果としてどうなるのか

この五つの要素が満たされれば、Win-Winの協定は現実のものとなり、正式な「実行協定」となる。これらの基準を明確にし、関係者全員が了解して同意していれば、自分の仕事の結果が成功かどうなのかを一人ひとりが自分で判断できる。

典型的な管理者は、Win-Loseのパラダイムである。信頼口座がマイナスになっている証拠でもある。相手を信頼していないから、あるいは望む成果をはっきりと伝えていないから、細かく監視してチェックし、指図したくなる。信頼関係ができていないと、いつも見張って管理しなくてはならないと思ってしまうのである。

しかし信頼口座の残高がたくさんあったらどうするだろうか。相手を信頼して、あなたはなるべく手出ししないだろう。Win-Win実行協定ができており、相手も何を期待されているかはっきりとわかっていれば、あなたの役割は、必要なときに手助けしてやり、仕事の進捗の報告を聞くだけである。

本人が本人を評価するほうが、他人が本人を評価するよりもずっと人間性を尊重しているし、本人も精神的に成長する。信頼関係さえできていれば、自分で評価するほうがはるかに正確でもある。多くの場合、仕事がどんなふ

メモ ツイート すぐに考えなおそうと思った.

うに進んでいるかは、報告書に書かれている記録などより、本人が強く実感している。外から観察したり、測定したりするよりも、自分自身の認識のほうがはるかに正確なのである。

Win－Winのマネジメント・トレーニング

何年か前のことになるが、多くの支店を持つある大手銀行のコンサルティングに間接的に関わったことがある。銀行が望んでいたのは、年間七五万ドルもの予算を投じている管理職研修を見直し、改善することだった。研修プログラムは、大卒社員の中から管理職候補を選抜し、商業融資、産業融資、マーケティング、オペレーションなど一二の部門にそれぞれ二週間ずつ、六ヵ月にわたって銀行業務全般の経験を積ませるというものだった。半年の研修を終えた者は、支店長代理として各支店に配属されることになっていた。

私たちコンサルタントは、まず六ヵ月の研修期間が妥当かどうか評価することにしたが、評価作業に取りかかってみて一番困ったのは、銀行が研修の成果として望んでいることがいま一つはっきりしないことだった。そこで、銀行の経営陣一人ひとりに「研修を終えた時点で、どのような能力が身についていればよいのですか?」と単刀直入に質問した。返ってきた答えは曖昧で、矛盾も多かった。

手段が目的化
しちゃってる事多いよね…
目標を改めて明確にする為
いろんな人と何でタイム
するの本当大事…

この研修プログラムは結果ではなく手段を重視していた。そこで私たちは、「セルフ・コントロール型研修」という違うパラダイムに基づいた試験的なプログラムをやってみてはどうかと提案した。これはWin-Win実行協定である。目標を明確にし、達成度合いを測る基準を設定し、ガイドライン、リソース、アカウンタビリティ、目標が達成できたときの結果に対する評価を決めておくのである。この場合の評価は支店長代理への昇進である。支店長代理になれば、現場でOJTが受けられるし、給料も大幅にアップする。

しかし研修の目標をはっきりさせるには、経営陣に繰り返し質問しなければならなかった。「経理部門では何を学ばせたいのですか？ マーケティングでは？ 不動産融資では？」こうしてリストにしていったら、項目は一〇〇をゆうに超えた。これらを整理し、不要なものは削り、似たような項目はまとめるなどして、最終的に三九の具体的な目標にし、それぞれの目標の達成基準も決めた。

昇進と昇給の基準がはっきりしたので、研修生たちは少しでも早く目標を達成しようと意欲的になった。目標を達成することは、管理職候補者の彼らだけでなく、銀行にとっても大きなWinになる。単に一二の部門での研修に顔を出せば合格とみなされるのではなく、結果重視の基準をきちんと満たした支店長代理ができるからだ。

私たちはセルフ・コントロール型研修と従来のシステム・コントロール型研修の違いを管理職候補たちに説明した。「目標と達成基準はこうなっています。リソースはこれだけです。お互いに教え合うのはかまいません。早速始めてください。基準を満たしたら、すぐに支店長代理に昇進できます」

　すると研修は三週間半で終わってしまった。研修のパラダイムを転換したら、彼らは信じられないような意欲と創造力を発揮したのである。

　組織の中でパラダイムを変えようとすると、必ず抵抗がある。経営陣のほぼ全員が、この結果をまったく信じなかったのである。すべての達成基準が間違いなく満たされている証拠を見せても、「これではまだ経験が足りない。もっと経験を積まなければ、支店長代理にふさわしい判断力が身につくわけがない」などと言う。

　後で話を詳しく聴いてみると、要するに、「我々はもっと苦労したものだ。この若造たちがラクをするのは許せない」ということなのだ。しかしそうあからさまにも言えないから、「もっと経験を積ませたほうがいい」と遠回しの表現を使っただけなのだ。

　さらに人事部の機嫌も損ねたようだった。六ヵ月の研修プログラムに七五万ドルもの予算をかけているのだから、こんなにあっさりと終わってしまっては困るのである。

そこで私たちは、銀行側の不満にこのように対応した。「わかりました。それでは目標を増やして、その基準も設定しましょう。ただし、セルフ・コントロール型研修の枠組みは変えません」私たちはさらに八つの目標を加え、厳しい達成基準を設定した。経営陣も、これらの基準を満たせば管理職候補が支店長代理に昇進し、各店舗でOJTを受ける段階に進んでかまわないと納得したようだった。実際、追加目標の策定会議に参加した幹部は、これだけ厳しい基準をクリアすれば、これまでの六ヵ月の研修プログラムを修了した者よりも有能な支店長代理になるだろうと話していた。

研修生たちには、経営陣からこのような不満が出てくるだろうから覚悟しておくようにと、前もって話していた。追加した目標と達成基準を彼らに見せ、「予想していたとおりでしたね。上層部は目標を追加し、さらに厳しい基準を設定しました。しかし今回の基準を達成できたら、支店長代理に昇進させる約束をとりつけました」と説明した。

彼らは驚くべき方法で取り組み始めた。その行動たるや驚くべきものだった。たとえば、ある研修生は経理部長のところに行ってこう言った。「部長、私はセルフ・マネジメント型研修という新しいパイロット・プログラムに参加していま

す。部長はこのプログラムの目標と基準の策定に関わったと伺っています。私がここの部門で達成しなければならない基準は六つです。このうち三つは大学で勉強しましたので、すでに達成できています。一つは本を読んで勉強しました。五番目の基準は、先週、部長が指導なさったトムから教わりました。ですからあと一つだけです。この基準について、部長かこの部門のどなたかに時間を割いて教えていただけないでしょうか?」彼らはこんなふうにして、各部門の研修を二週間どころか半日で終わらせていたのだ。

研修生たちはお互いに協力し合い、ブレーンストーミングし、追加の目標を一〇日足らずでクリアした。六ヵ月の研修プログラムは五週間に短縮され、そのうえ結果は目覚ましく向上した。

パラダイムを見直し、Ｗｉｎ－Ｗｉｎを真剣に目指す勇気があれば、このような考え方を組織のあらゆる活動に応用できる。責任感があり主体的で、自己管理のできる人が自由裁量を与えられて仕事に取り組むとき、個人と組織にもたらされる結果に私は常に驚きを覚える。

という事を脳に入れてるだけでも変わるよね〜

Win-Win実行協定

Win-Win実行協定を作成するには、根本的なパラダイムシフトが求められる。まず、手段ではなく結果に目を向けなければならない。私たちはとかく手段に目が行きがちだ。第3の習慣のところで話した使い走りのデリゲーションをやってしまうのである。水上スキーをする息子の写真を撮るとき、私も妻のサンドラにいちいち手段を指示していた。しかし、Win-Win実行協定が重視するのは手段ではなく結果である。手段は本人の選択に任せることで、個々人の大きな潜在能力が解き放たれ、シナジーを創り出せる。このようなプロセスを踏めば、Pだけにとらわれず、PCを育てていくこともできるのである。

Win-Win実行協定では、各自が自分で仕事の評価をする。これがアカウンタビリティである。自分で評価し、報告する義務を負うのである。これまでの一方的な評価のやり方では関係もぎくしゃくし、精神的な疲労も大きい。Win-Winのパラダイムでは、当事者全員で相談して決めおいた基準に従って自己評価する。基準を正しく設定しておきさえすれば、自己評価も正確にできる。Win-Winの考え方で仕事を任せる取り決めをすれば、七歳の少年でも、庭を「グリーン・アンド・クリーン（緑色できれい）」の状態に手入れできているかどうか、自分で評価できる。

大学で教鞭をとっていたときに実際に経験したのだが、クラスで最初にWin－Winの目標を明確にしておくと充実した授業になったものである。「この授業で学ぶことはこれだ。A、B、Cの評定基準はこうなっている。私自身の目標は全員がAをとれるようにサポートすることだ。ここで話し合ったことをもとに、自分は何を達成したいのか考え、自分なりの目標をはっきり決めたら、私のところに来てほしい。面談のうえ、君たちが目標とする評定、そのためにどう計画するか最終的に合意しよう」

経営学者のピーター・ドラッカーは、管理職と部下との間で業務の合意事項を明確にするために「マネジメント・レター」というものを活用するとよいと勧めている。組織の目標に沿って、望む成果、ガイドライン、リソースを具体的に話し合って決めたら、部下はその内容を手紙にまとめ、次回の業務計画の話し合い、あるいは評価面談の時期も明記して上司に出す。

このようなWin－Win実行協定を確立することがマネージャーのもっとも重要な仕事である。実行協定ができていれば、スタッフはその取り決めの範囲内で自分の仕事を自分で管理できる。マネージャーはカーレースのペースカーのようなもので、レースが動き出したら、自分はコースから外れ

ゆうたすこれっぽいのやってた!! (･∀･)ﾉ
私はGoogleのスプレッドシート使って
社員の子達と毎月の面談の前後に
やりとりしてます～♡

る。その後は、路面に漏れ落ちたオイルをふき取るだけでいいのである。

上司が部下一人ひとりの第一アシスタントになれば、管理職としてコントロールできる範囲を大きく広げることができる。管理部門をそっくりなくして経費を削ることも可能だ。六人とか八人どころではなく、二〇人、三〇人、五〇人、場合によってはもっと多くの部下を管理できるようになるだろう。

Ｗｉｎ－Ｗｉｎ実行協定でいう「評価の結果」とは、協定を履行した場合に得られるもの、履行できなかった場合に得られないもの、あるいは失うものを意味する。それは必然的な結果であり、上司の独断と偏見で与える報酬や懲罰ではない。

上司であれ親であれ、Ｗｉｎ－Ｗｉｎ実行協定でコントロールできる結果に対する評価は、基本的に四種類ある。金銭的な結果、心理的な結果、機会、責任である。金銭的な結果は、昇給やストックオプション、手当て、罰金などであり、心理的な結果は、評価、承認、尊重、信頼などを得る、あるいは逆に失うことである。生命が脅かされるような追い詰められた状態にない限り、金銭的な結果よりも心理的な結果のほうが意欲を引き出すことが多い。機会に関わる結果には、研修や特別なトレーニングへの参加、権限、その他の恩恵がある。責任に関わる結果は、職務範囲や権限が拡大するか、逆に縮小することである。Ｗｉｎ－Ｗｉｎ実行協定では、こうした結果を前もって決めるから、関係者全員が了解して仕事に入れる。先の見えないゲームをするわけではない。すべてが最初からはっきりと決まっているのである。

対象者本人に関係する必然的な結果の他に、自分の行動が組織にもたらす結果もはっきりさせておかなくてはならない。たとえば、自分が遅刻してきたらどうなるか、同僚と協力することを拒んだらどうなるか、部下ときちんとした実行協定を結ばなかったらどうなるか、望む結果に対する仕事の進捗を報告させずにいたらどうなるか、部下の能力を伸ばし昇進させる道を閉ざしたらどうなるかなど、組織に及ぼす影響を明確につかんでおく必要もある。

娘が一六歳になったとき、自家用車の使い方についてＷｉｎ－Ｗｉｎ実行協定を結ぶことにした。娘は交通ルールを守り、定期的に洗車し整備することに合意した。そのうえで適切な目的のために自家用車を使用し、無理のない程度に母親と私の運転手を務めることを決めた。また、それまで担当していた他の家事も言われる前に行うことにも同意した。これらは私たち両親にとってのＷｉｎである。

私のほうからは、ある程度のリソースを提供することにした。車、ガソリン、自動車保険などだ。報告義務については、基本的に毎週日曜日の午後、協定に従って娘本人が評価したうえで、私と話し合うことになった。結果に対する評価もはっきり決めた。協定を守る限り、娘は自家用車を使える。協定を守らなかったら、きちんと守れると決意できるまで使う権利を失う。

このＷｉｎ－Ｗｉｎ実行協定は、娘と私の双方に期待されることを最初からはっきりさせていた。娘にとってのＷｉｎは、もちろん自家用車を使えることだ。私と妻にとっては、娘を送り迎えする必要がなくなったし、逆に娘が私たちの運転手になってくれる。洗車や整備の面倒からも解放された。報告義務も決めたから、娘を見張って手段をあれこれ指示する必要はない。娘自身の誠実さ、良心、決意、そして信頼口座の高い残高のほうがはるかに高い原動力となる。娘の行動を細かくチェックし、私の思いどおりにしていない証拠を見つけたときにどうするか考えるのは気が重いものだが、Ｗｉｎ－Ｗｉｎ実行協定のおかげで、そうした精神的負担からも解放されたのである。

Ｗｉｎ－Ｗｉｎ実行協定は、それを結んだ当事者を解放し、自由にする力を持っている。しかし単なるテクニックとしてＷｉｎ－Ｗｉｎ実行協定を使ったら、長続きはしないだろう。最初に明確な取り決めをしても、誠実さに問題があったり、信頼関係ができていなかったりしたら、協定を維持することはできない。

本物のＷｉｎ－Ｗｉｎ実行協定は、パラダイム、人格、信頼関係の土台があって初めて生まれるものである。その意味からすれば、当事者同士の相互依存の関係を明確にし、方向づけるものとも言えるだろう。

システム

組織の中にＷｉｎ－Ｗｉｎを支えるシステムがなければ、Ｗｉｎ－Ｗｉｎの精神を定着させることはできない。いくらＷｉｎ－Ｗｉｎと口では言っても、給与や報奨の仕組みがＷｉｎ－Ｌｏｓｅになっていたら、うまく機能しない。

社員にしてみたら、会社が報いようとする行動をとるのは当然のことである。会社のミッション・ステートメントに書いてある目標と価値観を実現し、組織に根づかせたいなら、報奨などのシステムもその目標と価値観に合うものにしなければならない。システムと食い違っていたら、言動不一致になってしまう。社員一丸となって頑張ろうと言いながら、「バミューダ行きレース」で競争をあおる例の社長と同じになってしまう。

アメリカ中西部の大手不動産会社のコンサルティングを何年かやったことがある。この会社で私が最初に見たのは、成績優秀なセールス・パーソンを表彰する年一回の大会だった。八〇〇人以上のセールス・パーソンが一堂に会する大規模なイベントである。高校のブラスバンドの演奏に合わせてチアリーディングがパフォーマンスを見せると、会場は熱狂的な歓声に包まれた。

会場にいた八〇〇人のうち四〇人ほどが、販売金額、販売件数、販売手数料、顧客登録件数などの成績で表彰された。賞が授与されるたびに、拍手と歓声が湧き起こり、会場は興奮の渦と化す。彼ら四〇人が**勝者**であることは確かだ。しかし残る七六〇人が**敗者**であることも、歴然とした事実として誰もが意識していた。

私たちは、この会社のシステムと構造をＷｉｎ－Ｗｉｎのパラダイムに沿ったかたちに改善するために、早速社員教育と組織改革に取りかかった。一般社員を改革のプロセスに参加させ、彼らのやる気を引き出すようなシステムを整えると同時に、できるだけ多くの社員がそれぞれの上司と相談して決めた実行協定の「望む成果」を達成できるように、社員同士が協力する環境をつくり、シナジーを創り出せるように促した。

翌年の大会には一〇〇〇人以上のセールス・パーソンが参加し、そのうち約八〇〇人が賞をもらった。他のセールス・パーソンと比べて成績のよかった者に贈られる賞も少しはあったが、ほとんどは自分で決めた営業目標を達成できたセールス・パーソンや営業チームが表彰された。高校のブラスバンド部を呼んでわざとらしいファンファーレを鳴らしてもらう必要はなかったし、チアリーディングで盛り上げてもらう必要もなかった。会場に集まったセールス・パーソンたちは表彰式に自然と関心を向け、皆がわくわくしていた。お互いに喜びを分かち合い、すべてのセールス・パーソンで受賞を祝うことができたからだ。中には休暇旅行を獲得した営業オフィスもあった。

驚くべきことに、その年に賞をもらった八〇〇人のほぼ全員が、販売額でも利益でも前年の成績優秀者四〇人に匹敵する業績を上げていた。Ｗｉｎ－Ｗｉｎの精神が黄金の卵の数を一気に増やしたばかりか、ガチョウも太らせ、セールス・パーソンたちから計り知れないエネルギーと才能を解き放ったのである。その結果生み出されたシナジーの大きさに、彼ら自身も驚いていた。

むろん、市場では競争原理が働いているし、売上の前年比も前年との競争である。特別な相互依存関係がなく、協力する必要のない別の会社や個人だったら、競い合ってもいいだろう。しかし企業にとって、社内の協力は市場での競争と同じように大切である。Win－Winの精神は、勝ち負けの環境では絶対に育たない。

Win－Winが機能するには、それを支えるシステムが必要である。社員教育、事業計画策定、コミュニケーション、予算、情報管理、給与体系——すべてのシステムがWin－Winの原則に基づいていなければならない。

別の会社から、社員の能力開発研修を頼まれたことがある。この会社は、問題は人にあると思っていたようだった。

社長は次のような話をした。「どの店でもいいですから、行ってみて販売員の接客態度を実際に体験していただきたいのです。うちの店員はただ注文を聞くだけで、親身になってサービスを提供するなんてことはしやしません。商品知識もないし、お客様のニーズに商品を結びつけるセールスの知識もテクニックもないんですから」

そこで私はいくつかの店舗をまわってみた。社長の言うとおりだった。しかし、どうしてここの店員はこのような態度なのだろう、という疑問に対する答えは見つからなかった。

「ほらね、問題は明らかでしょう」と社長は言った。「あそこにいるのは売場主任です。彼らは販売員の鏡ですよ。売場主任には、売場に立つのは勤務時間の三分の二、残りの三分の一は管理業務に充てるようにと指示しています。それでも主任の売上が一番多いのですよ。だから先生には店員の教育をやってもらえればいいんです」

社長の話に私は釈然としないものを感じた。どこかおかしい。「もっとデータを集めましょう」と私は言った。

社長は気分を害したようだった。問題点はもうわかっているのだから、すぐにも研修を始めてほしい、ということらしい。しかし私は折れなかった。二日ほど調べてみて、本当の問題を突きとめた。主任たちが立場上の権限と給与制度をうまく利用して、甘い汁を吸っていたのである。彼らは一日中売り場に出て、自分の売上実績を稼いでいた。小売店は、おそろしく忙しい時間帯と比較的暇な時間帯が半々である。客の少ない時間帯は、本来なら主任は管理業務を処理すべきであるのに、面倒な裏方の仕事は店員に押しつけ、自分はその間も売り場に残り、少しでも自分の売上を伸ばそうとしていた。主任たちの売上が一番多いのも当たり前である。

そこで私たちは、この会社の給与のシステムを変えた。すると一夜にして問題は解消した。売場主任の給与を部下の販売員の売上に連動させたのである。主任と部下のニーズと目標を一致させたのだ。これで能力開発研修の必要はなくなった。問題を解決する鍵はＷｉｎ－Ｗｉｎの報酬システムをつくることにあったのである。

次の例は、正式な人事考課制度を導入しようとしていた企業である。

その会社の人事部長は、あるマネージャーへの評価点に不満を持っていた。

「このマネージャーの評定は三が妥当なのですが、五をつけなくちゃいけない」と彼は言った。五は最高の評定であり、昇進の資格がある優秀な社員ということだ。

「なぜなんです？」私は聞いた。

「好成績をあげているからですよ」

「それなら五をつけてもよいのでは？」

「彼のやり方が問題なんです。人のことはお構いなしで成績をあげようというタイプでしてね。人間関係で何かと問題を起こしている。トラブルメーカーなんですよ」

「どうやらＰ（成果）しか眼中にない人物のようですね。そういう態度に最高評定をつけるというのは、たしかに納得はいきませんよね。どうです、彼と話し合ってみては？　ＰだけでなくＰＣ（成果を生み出す能力）の大切さも教えてあげたらどうでしょう」

人事部長が言うには、とっくに話しはしてみたものの、効果はなかったという。

「それなら、Ｗｉｎ－Ｗｉｎ実行協定を結んでみるのはどうでしょうか。給与の三分の二はＰ、つまり営業成績を基準にする。残りの三分の一はＰＣ、部下や同僚からどう見られているかを基準にする。リーダーシップ、人材育成、チームづくりの観点から評価すればいい」

「そうか、それなら彼も聞く耳を持つだろう」

多くの場合、問題があるのは人ではなくシステムのほうである。いくら優秀な人材でも、悪いシステムに入れたら悪い結果しか出てこない。育ってほしい花には水をやらなくてはならないのだ。

Ｗｉｎ－Ｗｉｎの考え方をしっかりと身につければ、それを支えるシステムをつくり、組織に定着させることができる。無意味な競争を排除して協力的な環境を育むことで、ＰとＰＣの両方を高めることができ、大きな効果を組織全体に波及させることができる。

企業の場合なら、経営陣がＷｉｎ－Ｗｉｎの精神を持てば、有能な社員たちが一丸となって同業他社と競えるようにシステムを整えることができる。学校なら、生徒一人ひとりが教師と相談して決めた個人目標の達成度合いで成績をつけるシステムにすれば、生徒同士が助け合って勉強し、皆で目標達成に向かって頑張る環境ができる。家庭の場合であれば、親は子ども同士が競争するのではなく、協力するような環境をつくることができる。たとえば家族でボウリングに行くこと一つをとっても、家族全員のスコアの合計が前回を超えることを目標にして楽しめるだろう。Ｗｉｎ－Ｗｉｎ実行協定で家事を分担すれば、親は子どもにいちいち指図する精神的ストレスから解放されるし、自分にしかできないことをする時間もできる。

あるとき、友人からマンガを見せられた。マンガの中では、二人の子どもが「お母さんが早く起こしてくれなかったせいで学校に遅れそうだ」と言っていた。私の友人は、この台詞に気づかされたのだった。責任感を持たせるＷｉｎ－Ｗｉｎの考え方に従って家庭を営まなければ、いろいろな問題が起こるのである。

Win－Winとは、ガイドラインと使えるリソースをはっきり決め、その範囲内で具体的な結果を達成する責任を個人に持たせる考え方である。任せられた人は、自分で仕事を進め、成果を自分で評価し、報告する。最初に決めたとおりにできた場合に得られるもの、できなかった場合に失うものは、自分自身の行動の当然の結果なのである。Win－Winのシステムは、Win－Win実行協定を結び、定着させる環境をつくり出す。

プロセス

Win－LoseやLose－Winの姿勢のままで、Win－Winの結果に到達することはできない。「なんだっていいからWin－Winでやってくれよ」と丸投げできるわけがない。どうすればWin－Winの解決策までたどりつけるのだろうか。

ハーバード・ロー・スクールのロジャー・フィッシャー教授とウィリアム・ユーリー教授は、『ハーバード流交渉術』という洞察にあふれた本を著している。同書の中で両教授は、彼らのいう「原則立脚型」と「立場駆け引き型」のアプローチを対比させ、鋭い指摘をしている。Win－Winという言葉こそ使われていないが、この本の根底にある考え方はまさにWin-Winのアプローチである。

両教授は、人と問題を切り離して考え、相手の立場ではなく課題に焦点を絞り、お互いの利益になる選択肢を考え出し、双方とも納得できる客観的な基準や原則を強調することが原則立脚型の本質だと言っている。

私の場合、Win-Winの解決策を求める人や組織にアドバイスするときは、次の四つのステップを踏むプロセスを勧めている。

一．問題を相手の視点に立って眺めてみる。相手のニーズや関心事を当の本人と同程度に、あるいはそれ以上に理解しようとし、言葉にしてみる。

二．対処すべき本当の問題点や関心事（立場ではなく）を見極める。

三．どんな結果であれば双方が完全に受け入れられるのかを明確にする。

四．その結果に到達するための方法として新しい選択肢を見つける。

このプロセスの二つのステップについては第5の習慣と第6の習慣の章でそれぞれ詳しく取り上げるが、ここで理解しておいてほしいのは、Win-W ｉｎの本質はそのプロセスと強い相関関係にあるということだ。つまり、Ｗｉｎ－Ｗｉｎのプロセスを踏まなければ、Ｗｉｎ－Ｗｉｎの結果に到達することはできないのである。目標がＷｉｎ－Ｗｉｎならば、手段もＷｉｎ－Ｗｉｎでなければならない。

Ｗｉｎ－Ｗｉｎは個性主義の表面的なテクニックではない。人と人との関係を総合的にとらえるパラダイムである。このパラダイムは、誠実で成熟し、豊かさマインドを持った人格から生まれ、信頼に満ちた人間関係の中で育っていく。それは、期待することを明確にし、効果的に管理する実行協定になり、Ｗｉｎ－Ｗｉｎを支えるシステムによってさらに力強いパラダイムになっていく。そしてこのパラダイムは、次の第5と第6の習慣で詳しく説明するプロセスを経て完成するのである。

第4の習慣：Win-Winを考える　実践編

1 近い将来に誰かと何かを決めなければならない状況、あるいは何かの解決のために交渉することになりそうな状況を一つ思い浮かべる。そして、勇気と思いやりのバランスをとることを心に決める。

2 あなたの生活の中でWin-Winのパラダイムをもっと実践するために取り除くべき障害をリストアップする。それらの障害を取り除くために、自分の影響の輪の中でできることを考えてみる。

3 あなたの人間関係の中でWin-Winの協定を結びたいと思う人を一人選ぶ。その人の立場に身を置いてみて、どんな結果を望んでいるのかを考え、具体的に書き留める。次はあなたの立場から考えてみて、自分にとってWinとなるような結果をリストアップする。そうしたら、相手の人に、お互いのためになる解決策が見つかるまで話し合うつもりがあるかどうか聞いてみる。

4 人生において大切な人間関係を三つ選ぶ。彼らとの信頼口座にどのくらいの残高があるだろうか。残高を増やすにはどのような預け入れをすればいいか、具体的なアイデアを書き出してみよう。

5 あなたがこれまで持っていた脚本がどのようなものか、深く考えて

6

みる。それはＷｉｎ－Ｌｏｓｅの脚本ではないだろうか。それはあなたの人間関係にどのような影響を与えているだろうか。なぜその脚本を持つに至ったのか。あなたが現在置かれている状況にふさわしい脚本かどうか考えてみよう。

困難な状況にあっても、お互いのためになる結果を本気で探そうとしている人を手本にする。その人を見習うことで、Ｗｉｎ－Ｗｉｎの考え方を身につけられるようにしよう。

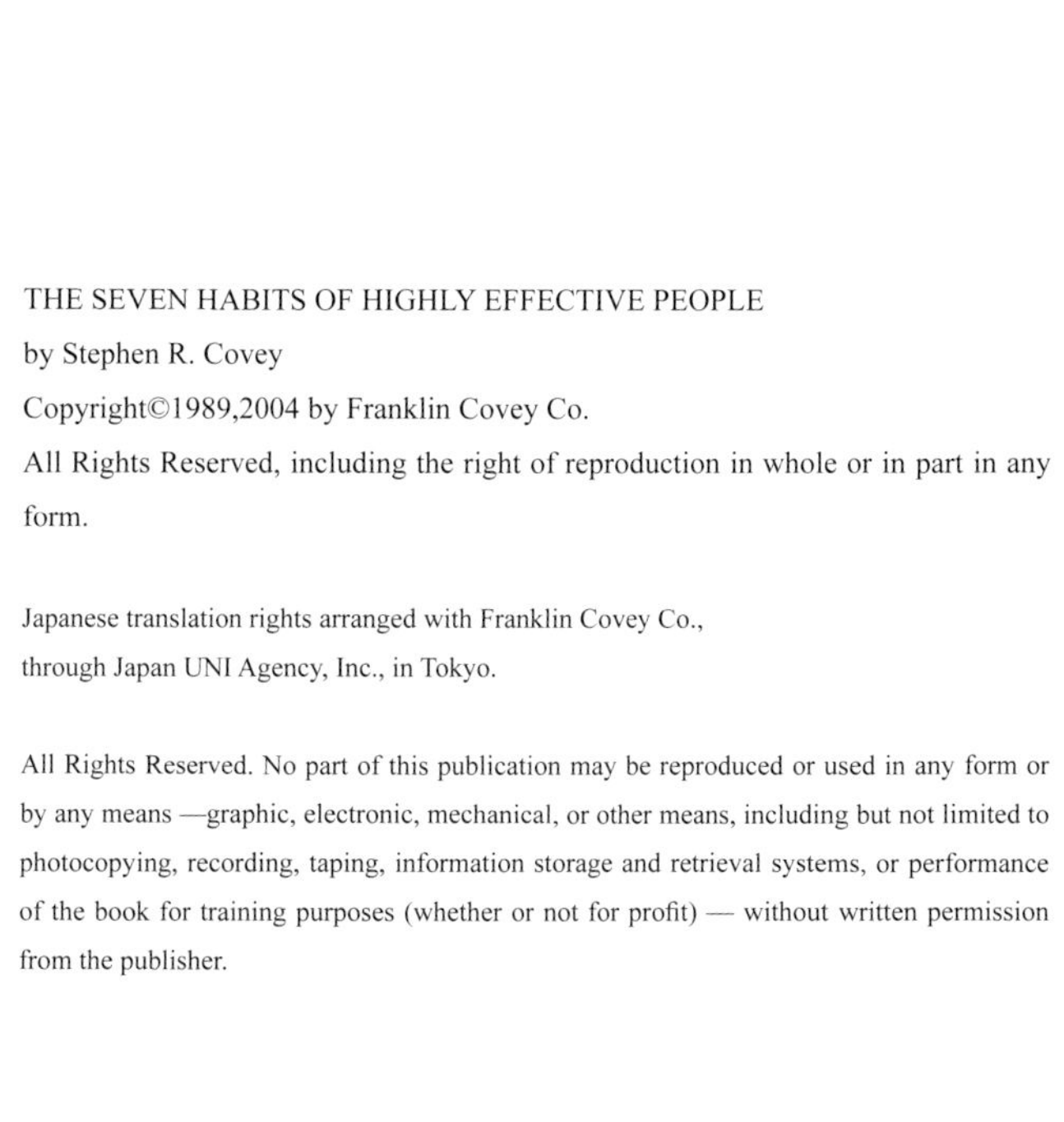

THE SEVEN HABITS OF HIGHLY EFFECTIVE PEOPLE

by Stephen R. Covey

Japanese translation rights arranged with Franklin Covey Co., through Japan UNI Agency, Inc., in Tokyo.